AF249687

LA
QUESTION MONÉTAIRE

PAR

M. von SCHRAUT

TRADUIT DE L'ALLEMAND

PAR

GEORGES MEYER

STRASBOURG

IMPRIMERIE ALSACIENNE anc^t G. FISCHBACH

1895

LA
QUESTION MONÉTAIRE

LA
QUESTION MONÉTAIRE

PAR

M. VON SCHRAUT

———

TRADUIT DE L'ALLEMAND

PAR

GEORGES MEYER

STRASBOURG

IMPRIMERIE ALSACIENNE anc^t G. FISCHBACH

1895

TABLE DES MATIÈRES

LA QUESTION MONÉTAIRE

PAR

M. von SCHRAUT

---

1. La monnaie métallique jouit d'un privilège.

Les transactions, de quelque nature qu'elles soient, nécessitent une valeur d'échange commune, universellement reconnue, offrant aux producteurs la possibilité de placer leurs produits, indépendamment de l'échange simultané et immédiat contre des objets de première nécessité. Le tailleur qui veut se procurer des souliers pour son usage ne saurait attendre qu'un cordonnier soit disposé à accepter en échange un effet d'habillement, mais il doit pouvoir vendre sa marchandise, partout où il lui plaira, contre la valeur universelle de payement, et acheter avec cette dernière les souliers désirés. Peu importe que cette valeur d'échange consiste, comme au cours des premières périodes de civilisation d'un pays, en objets d'un emploi usuel, ou bien en métaux précieux monnayés (or ou

argent). Une disposition légale d'ordre économique lui
confère son caractère de valeur d'échange universelle, sa
qualité de monnaie, qui oblige tout chacun à l'accepter en
paiement. Néanmoins, il importe de séparer cette obligation
de la question de savoir jusqu'où va le pouvoir de la loi,
quand il s'agit de fixer la valeur de cet instrument
d'échange — on trouvera plus loin des explications dé-
taillées à ce sujet. — L'obligation dont s'agit assure non
seulement à chacun la sécurité nécessaire dans les relations
intérieures, mais elle présente encore une garantie au
commerce international, en tant que celui-ci admet les
monnaies métalliques (argent comptant) d'un pays comme
mode de payement, et que, en dehors de la possibilité
d'une refonte ou d'une autre destination à donner au métal
fin, il les rend à la circulation telles qu'il les a reçues.

L'argent comptant, c'est-à-dire le métal précieux
monnayé, constitue donc une part du capital comme tous
les autres produits, mais il jouit d'un privilège qui procure
à ses détenteurs un avantage sur leurs autres biens capitaux (par exemple sur les céréales ou sur les produits
manufacturés). Au moyen d'argent comptant, l'on peut,
en effet, acheter à tout instant et en tout lieu quelque produit que ce soit, tandis que les autres biens capitaux
(*Kapitalgüter*) sont forcés d'attendre un acheteur qu'ils
ne sauraient trouver ni à tout instant, ni en tout lieu.
Cette prérogative des monnaies s'étend également aux
métaux précieux, à la condition que la frappe en soit

libre, c'est-à-dire que les hôtels des monnaies soient obligés
de délivrer à qui que ce soit, contre une quantité déterminée
de métal précieux, un nombre déterminé de numéraire.
Sans doute, cette prérogative ne constitue pas le point
central même de la vie économique où se cache la pierre
philosophale, mais elle en est un des facteurs les plus importants. L'argent comptant ne reste un capital mort, un
capital n'arrivant pas à son emploi dans l'économie sociale
et épuisant le fonds d'exploitation, qu'au gré de celui qui
le détient, car il peut être réalisé à tout moment. Les
autres biens, au contraire, forment un stock qui reste à la
charge du fonds, tant que le propriétaire, en dépit de
recherches plus ou moins longues, n'en aura point trouvé
la réalisation. Or, ce stock risquant de subir une dépréciation complète, son détenteur devra mettre en ligne de
compte des éventualités défavorables. L'argent comptant,
en revanche, n'est pas soumis à pareil risque; il circule
plus librement dans la spéculation, attendu que, en vertu
de la loi qui fait de son acceptation une obligation universelle, il est garanti, quoi qu'il arrive, contre l'avilissement total.. L'argent comptant est un capital toujours
liquide; tous les autres biens, au contraire, ne sauraient
être réalisés du tout, à tel moment donné, ou bien ils ne
sauraient l'être qu'en subissant une moins-value.

2. *Le roulement des fonds s'émancipe de la circulation des espèces métalliques.*

Au fur et à mesure que se développait le régime des transactions par suite de l'extension et de la multiplicité des industries les plus diverses, deux défectuosités d'ordre différent rendirent une réforme monétaire de plus en plus indispensable. Ce furent, notamment, l'embarras résultant du poids excessif d'une somme d'argent comptant, représentative d'un échange en nature, surtout dans les affaires d'une certaine importance, et l'insuffisance des quantités de métaux disponibles pour le monnayage. A cet état de choses succéda la période d'un nouveau système monétaire qui repose sur la compensation réciproque des dettes, ainsi que sur les mandats dans les formes les plus diverses, couverts par du numéraire et payables, soit à vue, soit à échéance. Point n'est besoin d'insister sur les avantages manifestes de ce système : La compensation constitue, en effet, la forme la plus simple d'une opération de paiement, puisqu'elle permet de liquider plusieurs affaires à la fois ; de leur côté, les mandats peuvent servir en qualité d'appoints, s'il s'agit d'une somme considérable, et cela sans augmentation du poids. Ces avantages sont devenus indispensables aux transactions en grand et aux affaires avec les marchés éloignés, et les monnaies se trouvent par cela même préservées du frai et de la perte.

Mais le résultat essentiel de ce système se traduit par

la concentration en un dépôt de réserve plus ou moins
immuable de l'approvisionnement d'un pays en espèces
métalliques, auquel viennent se joindre encore les métaux
précieux disponibles et admis à la frappe selon leur titre,
le tout sans préjudice du numéraire qui sert aux petites
transactions de chaque jour. C'est, en outre, sur ce fonds
que sont remboursables en espèces, à partir du jour de
l'échéance, au gré du porteur, les instruments de crédit de
toute nature qui ne sont point partie inhérente du capital,
mais qui y ont une prétention ; ils circulent ainsi de main
en main, revêtus de la confiance générale, puisque, à partir
du jour de l'échéance, ils sont remboursables en espèces, au
gré du porteur. Tel est le cas pour les bons du Trésor, les
billets de banque, les chèques, les droits de créance s'ils
sont endossables et particulièrement pour les traites. De
l'exposé qui précède il ressort clairement que *le roulement
des fonds est indépendant de la circulation des espèces
métalliques*. L'argent comptant pourtant ne perd de son
importance qu'en tant qu'il s'agit du développement du
système de compensation, en grand ou en petit. Au reste,
le numéraire, quoique servant désormais de fonds de
couverture, n'en reste pas moins le noyau propre du roulement des fonds ; en effet, ainsi que nous le verrons plus
loin, dans les pays qui ont à cœur de s'assurer une circulation monétaire avec valeur effective, les éléments de
paiement qui sont en circulation, même si leur importance
dépasse la provision d'espèces, devront toujours être con-

vertibles en espèces. Malgré l'appel fait au crédit, à l'effet
d'augmenter la circulation monétaire, au moyen de billets
de banque dits à découvert, il ne s'agit, par conséquent,
pour une administration sérieuse, que de la circulation des
instruments de crédit remboursables en espèces et à pré-
sentation, pour lesquels la valeur des espèces, ramenée
au fin, puisse elle-même, à tout moment, intervenir comme
instrument d'échange et en constituer effectivement la
valeur nominale. Il ressort de là que dans les échanges de
marchandises, le privilège dont il a été question ci-dessus
est attaché aussi bien à la possession de ces instruments
monétaires qu'à la possession de la monnaie métallique,
puisque ces instruments présentent, dans la circulation,
l'avantage de pouvoir trouver leur emploi à tout moment.
Cette période de développement de la question monétaire
nous révèle, en attendant, un principe fort important, à
savoir que: Depuis que le numéraire ne constitue plus
l'instrument d'échange matériel, mais simplement un fonds
de couverture pour la circulation des moyens de paiement,
il est démontré que l'instrument d'échange peut ne plus
posséder une valeur matérielle propre, mais qu'il doit
être toujours convertible en une valeur intrinsèque propre
pouvant trouver un emploi partout et en tout lieu.

3. *Réfutation de la théorie dite quantitative.*

Plus que toute autre cause, la théorie dite quantitative
a contribué à obscurcir l'état monétaire. D'après cette
théorie les prix des marchandises doivent être directement
fixés par la quantité de monnaie métallique disponible pour
la circulation. Le rapport entre la masse en espèces métalliques et la masse en marchandises doit être tel que, dans
le cas de baisse ou de hausse de l'une ou de l'autre, la
masse correspondante, quoique invariable, perde ou gagne
en valeur. On a pourtant renoncé déjà à conclure de là
que l'approvisionnement du numéraire doive être l'équivalent de la totalité des transactions de marchandises à
effectuer à un moment donné, le développement des opérations de compensation et de report ne permettant plus de
soutenir, même pour la forme, une telle exagération. En
revanche, l'on persiste à croire que la quantité absolue des
espèces métalliques en circulation domine directement le
mouvement des prix des marchandises, en ce sens que
l'augmentation du numéraire doive amener une hausse
des prix des marchandises et un allégement pour les débiteurs, parce qu'elle leur fournit la possibilité de réaliser
leurs engagements pécuniaires avec un moindre déploie-
ment de produits à vendre.

Cette erreur repose,
d'une part, sur une fausse interprétation du sens des dis-
positions légales qui, dans chaque pays, attribuent à

certaines monnaies une valeur obligatoire pour tous les autres, et,

d'autre part, sur l'exagération de l'influence que peuvent exercer les instruments d'échange sur l'étendue de l'échange lui-même.

a) Prix des marchandises et valeur de la monnaie.

L'enchérissement d'une marchandise signifie simplement que celle-ci peut-être échangée désormais contre une plus grande quantité d'autres marchandises. Il en résulte que les prix de toutes les marchandises baissent en proportion de la première, tout en se maintenant dans leurs anciennes proportions entre elles, tant qu'il n'intervient pas de facteur nouveau. Quand la valeur d'un kilogramme de céréales hausse du double, on obtient pour celui-ci deux kilogrammes d'autres marchandises, ou, ce qui revient au même, pour un kilo d'autres marchandises on ne reçoit qu'un demi kilogramme de céréales. Si la valeur du kilogramme de céréales baisse de moitié, cela signifie que la valeur du kilogramme de toutes les autres marchandises a doublé par rapport au kilogramme de céréales, attendu qu'il faut, à présent, deux kilogrammes de céréales pour acheter un kilogramme d'autres marchandises. A l'exemple des céréales, n'importe quel produit peut entrer en scène dans les relations d'échanges comme unité de mesure de valeur pour les autres. Si, au même moment que le prix des céréales, celui du kilogramme de bois hausse du double, pour un motif qui lui est propre, il s'ensuit qu'il y a compensation de valeur entre les deux produits, parce que l'un et l'autre ont atteint de rechef le même niveau ; toutes les autres marchandises baissent alors par rapport à ces deux produits, mais elles restent, jusqu'à nouvel ordre, invariables dans leur rapport entre elles. Le mouvement des prix des deux métaux précieux — or et argent — employés à des titres différents comme matières à monnayer est exactement soumis aux mêmes règles. La récolte des céréales est-elle mauvaise, la valeur de l'or et de l'argent baisse relativement au cours des céréales ; entre elles, comme aussi par rapport aux autres marchandises, les valeurs respectives de l'or et de l'argent restent fixes. Il y a lieu de tirer des conséquences identiques lorsque la valeur, soit de l'or seul, soit de l'argent seul, soit encore celle des deux métaux, subit une hausse provoquée par des difficultés de production ou par une augmentation de la demande (soit dans le but de la frappe, soit pour des besoins industriels dont l'importance n'est pas à dédaigner), ou bien qu'elle subit une baisse pour des raisons inverses. Cela ressort clairement du cas qui, bien entendu, ne se produit plus actuellement, où un pays admet sans limite comme métal d'étalon l'un et l'autre des deux métaux précieux. Chaque changement particulier de valeur de l'un des métaux provoquera immédiatement un refoulement de celui qui fait prime par l'autre, tandis que, par exemple, une diminution respective et proportionnelle dans la production des deux métaux n'aura aucune action sur les rapports d'échanges, même dans les transactions relatives à la frappe.

C'est sur cette base que repose la réglementation de la constitution monétaire, réglementation que l'on reconnaît constamment comme étant une tâche de Droit public qui incombe à l'État. Quoique les monnaies elles-mêmes ne remplissent plus à proprement parler la fonction d'échange à un degré important, mais qu'elles servent de fonds de couverture et de payement pour la circulation des instruments de crédit, il est incontestable qu'il ne s'agit aussi là que de la valeur des monnaies. La circulation des instruments de crédit n'est que la conséquence de la confiance en la valeur effective du fonds de couverture précité. Les avis sont au contraire très partagés sur la portée de la loi, par laquelle une unité de monnaie déterminée (le marc d'or, le franc d'or et d'argent) est déclarée étalon monétaire.

Selon l'avis des uns, le marc — de même que le mètre constitue l'unité de mesure de l'espace et le kilogramme l'unité de poids — constitue l'unité de valeur servant de base, dans ce sens que les évaluations de la valeur de chaque produit montent et descendent par rapport à cette base, comme autour d'une mesure fixe qui ne saurait ni se dilater ni se contracter. Selon l'avis opposé, le marc est l'estampille authentique d'une unité de métal déterminée quant au poids et au titre, et pour le reste un objet de valeur comme toute autre unité d'un produit quelconque.

L'une et l'autre de ces deux manières de voir ont besoin d'une rectification. La monnaie est indubitablement plus qu'une unité de compte ou un point de repère qui exprime, suivant une méthode constante, les quotités résultant du rapport des valeurs de marchandises entre elles. La monnaie possède une valeur propre qu'elle tire d'une substance *déterminée* — différant en cela des mesures de longueur et des poids dont le rôle d'étalon reste le même, qu'ils soient formés d'une substance précieuse ou d'une matière de peu de valeur. . . . .

La valeur ainsi attachée aux métaux précieux monnayés n'a cependant, en aucune manière, le caractère d'une unité de mesure de valeur absolument exempte de fluctuation; elle se règle plutôt d'après toutes les autres valeurs de marchandises, selon qu'il survient, d'un côté ou de l'autre, des changements dans les deux facteurs composant les valeurs (production et consommation). Cette valeur ne concentre pas non plus en elle-même tout le mouvement des valeurs; bien plus, les prix des denrées et du travail se trouvent dans un rapport direct et réciproque, malgré qu'ils se règlent, s'expriment et se réalisent en valeurs d'argent.

Si de trois marchandises l'une coûte 1, la deuxième 2, et la troisième 3 mark, cela signifie, que, comparées à l'unité de monnaie, elles ont toutes trois ensemble une valeur de 6. Dans le fait, que ces marchandises ont dans leur rapport entre elles des valeurs diverses, la valeur monétaire n'a rien à voir.

L'État ne confère donc aucune *valeur* propre à la monnaie; il exerce seulement, par suite de sa demande pour les besoins du monnayage, une influence sur le mouvement de valeur des métaux précieux dont la monnaie ne forme qu'une fraction.

Malgré cela, s'il y a fluctuation dans la valeur du métal dont on fait la monnaie, la variation de valeur de la monnaie ne réagit pas d'une façon proportionnelle et immédiate sur les prix des marchandises. C'est là qu'intervient le fait important résultant de l'application de cette loi qui fait de l'acceptation de la monnaie une obligation générale, doublée de l'obligation de l'État de recevoir cette monnaie en payement, à savoir, que la valeur de la monnaie, en général, ne se déplace pas pour le compte et pour la responsabilité d'un seul, mais bien pour ceux de tous; encore ceux-ci ne sont-ils pas, jusqu'à de certaines limites, forcés de procéder à la liquidation de la perte ou du profit.

Lorsque dans la période de 1870 à 1880 le prix du métal argent fut en baisse, le prix de toutes les marchandises aurait dû hausser dans les pays à étalon d'argent. Cela n'arriva pas pourtant, parce que les États ne procédèrent point à la liquidation du déficit résultant de la circulation de leurs monnaies d'argent.

La Société (l'État) devient ainsi débitrice de ses membres aussitôt qu'il y a diminution de valeur du métal dont elle fait sa monnaie, et créditrice dans le cas où cette valeur

augmente, — un fait qui se manifesterait clairement si
l'on venait à vendre la provision totale des monnaies. Un
tel fait, qui ne toucherait en rien le mouvement des prix
des marchandises, ne saurait cependant se produire que
dans un État isolé. Dans les relations internationales d'un
pays, cette intervention de la Société ne peut se maintenir
à la longue, vu que le point de départ de cette intervention,
c'est-à-dire l'obligation légale d'acceptation et de remboursement qui s'attache à la monnaie dans le pays où
elle a été frappé, n'a pas d'action en dehors du territoire
national. Cette incompatibilité entre les relations internationales et les systèmes fermés de certains pays, a pour
conséquence, grâce à une série d'événements que nous
examinerons tantôt de plus près, une formation irrégulière
des cours des marchandises, non pas seulement dans les
pays dont s'agit, mais en général dans le marché international. C'est dans cette contradiction que gît le malaise
latent dont souffre l'organisme monétaire; et dans ce malaise, ceux d'entre les pays dont le système de crédit public
refoule la valeur effective de la monnaie, au point qu'ils
suspendent le remboursement en espèces des instruments de crédit et donnent cours forcé à des bons à
découvert, exercent naturellement l'influence la plus
nuisible.

L'influence contre-nature et indirecte de l'organisme
monétaire sur la formation des prix des marchandises
gagne encore tout particulièrement en portée par le fait

que la valeur possessive de l'approvisionnement total en monnaies est également mise en souffrance.

L'insuffisance de la théorie quantitative ressort de ce qui vient d'être exposé touchant le caractère international de la question, précisément dans la période actuelle du développement de l'organisation monétaire.

b) Quantité des moyens d'échange et étendue du mouvement commercial.

La valeur de la monnaie, comme toute autre valeur, n'est pas uniquement déterminée par la masse de l'offre, mais aussi par la relation entre celle-ci et la demande, c'est-à-dire par le besoin de la société d'avoir à sa disposition des moyens qui lui permettent de se partager les produits et les salaires. Plus les forces économiques dont dépend le développement sont actives, plus aussi l'on a besoin d'intermédiaires pour les échanges, et, d'autre part, plus le développement des moyens de décompte et des instruments de crédit est perfectionné, plus la rapidité des échanges de marchandises est grande, plus aussi la circulation paraît libre par rapport à l'importance de la réserve métallique. Par elle-même, la quantité des moyens d'échange ne peut ni provoquer ni féconder les transactions commerciales. Il n'existe pas de panacée qui, par une seule action mécanique, c'est-à-dire, au moyen de la réglementation de la masse des moyens d'échange, soit à même de compenser dans le mouvement du crédit, du prix et du revenu, tous les dommages pouvant survenir dans le trafic des marchandises et des salaires. Aux époques de grande surabondance des moyens d'échange, les transactions commerciales peuvent languir profondément par suite de manque de confiance et d'esprit d'entreprise, tandis qu'une encaisse métallique relativement faible peut suffire pour venir à bout de transactions considérables, grâce à une juste distribution des instruments de crédit et des relations de compensation entre tous les canaux de la circulation, et à une alimentation régulière de ces derniers. Ni les hausses de prix provoquées, au XVIe siècle, par la grande affluence du métal argent américain, et, dans la période de 1850 à 1870, par le grand accroissement du stock en or, ni la baisse de prix, dans les deuxième et troisième périodes décennales de ce siècle, résultant alors du recul sensible subi par l'industrie de l'extraction des métaux précieux, ne fournissent une preuve du contraire.

L'essor de 1850 à 1870 fut la conséquence d'une série d'inventions techniques et d'institutions économiques grandioses ; l'augmentation du stock de l'or libéra, en effet, l'esprit d'entreprise de la crainte de manquer de moyens d'échange, ce qui, à cette époque, était d'une haute importance, étant donné le faible développement de la circulation des succédanés du numéraire. Sans la cause mentionnée ci-dessus, l'augmentation de la production des métaux précieux aurait toutefois manqué en tout d'une importance concrète. L'accumulation d'un stock métallique, au delà du besoin prévu et largement calculé de moyens d'échange, n'a aucune utilité économique, et l'entassement d'une quantité de métaux précieux n'a pas de plus grand intérêt pour les masses que l'emmagasinage d'autres articles facilement réalisables.

4. La politique monétaire est-elle une question internationale ?

Toute étude sur la question monétaire doit s'imposer la tâche, en se basant sur *le développement réel des choses*, de déterminer les points qui sont à considérer comme essentiels pour le perfectionnement de la politique monétaire. Une solution absolue, un principe unique dans la question monétaire, sont, en présence des fluctuations de la production des métaux précieux, aussi peu possibles que l'établissement d'une valeur invariablement égale pour tous les temps et tous les lieux. L'incertitude de la production constitue le point cardinal. Ce sont précisément la rareté temporaire des métaux précieux et l'impossibilité de les multiplier à volonté — deux faits qui ont fait considérer les métaux par les anciennes théories comme la base tout spécialement qualifiée du système monétaire — qui sont la source de grandes difficultés pour la politique monétaire. L'opinion qui veut que le facteur constituant la valeur, c'est-à-dire la production, présente quant aux métaux précieux, une stabilité particulière, ne montrant que des variations insignifiantes, et qu'elle leur confère ainsi un caractère absolu, n'est pas soutenable. Par conséquent quelques efforts que l'on fasse, une réglementation des choses en conformité du but que l'on poursuit n'aura jamais qu'un caractère relatif, et, sous ce rapport, la question monétaire est arrivée aujourd'hui à son point essentiel, c'est-à-dire à la question de savoir, s'il est dans l'intérêt de la prospérité individuelle de tous les pays que la politique monétaire abandonne le terrain du particularisme actuel, pour placer son centre de gravité dans une entente internationale. Trois groupes d'intérêts doivent être pris ici principalement en considération :

1.° ceux des pays qui, par suite d'événements politiques malheureux, ou par une série d'opérations commerciales financières désavantageuses avec le dehors, ont perdu le fonds de couverture métallique et sont arrivés au cours forcé du papier monnaie dont le remboursement en valeurs effectives est suspendu ;

2° ceux des pays dont les espèces métalliques sont maintenant cotées plus bas qu'autrefois sur le marché international, parce que leur métal étalon (argent) a baissé par rapport à l'or et à toutes les autres marchandises, partiellement grâce aux modifications des conditions de la demande amenées par la politique monétaire d'autres pays ; et

3° ceux des pays qui, dans les relations intérieures et internationales, sont en mesure de payer en or, mais au sujet desquels cependant l'on ne peut savoir au prix de quels sacrifices leur politique commerciale peut se maintenir dans cette voie.

Pour les pays de la première catégorie, il ne s'agit pas seulement, dans la question monétaire, de la détermination du métal étalon, mais aussi — chose qui est rarement

appréciée à sa juste valeur — d'importantes opérations
financières. Ces pays ne pourront retenir une réserve
métallique que quand ils seront délivrés de l'excès de leur
circulation en papier monnaie à découvert, ainsi que de la
dépendance de leur dette publique vis-à-vis de l'étranger,
dépendance qui marche toujours de pair avec la dépréciation monétaire. Selon les circonstances, il peut aussi
résulter pour les autres pays des charges financières par
suite de la réduction de valeur subie par l'argent qu'ils
possèdent. Pour le côté international de la question monétaire, ces observations ont, néanmoins, plutôt de l'importance au point de vue de la tactique qu'à celui du principe.
Les avantages que trouvent certains intérêts producteurs
dans les pays à monnaies dépréciées, en ce que cette
dépréciation produit un effet pareil à un droit protecteur
ou à une prime d'exportation, peuvent faire pencher la
balance tout aussi peu que le profit apporté aux possesseurs
de revenus fixes par la baisse des prix des marchandises
liée à la hausse de la valeur de l'argent, et celui amené
aux prêteurs par la hausse du taux de l'intérêt. Il n'y a
que l'intérêt général qui puisse avoir une influence prépondérante, et cet intérêt vise indéniablement le but que
l'État mette à la disposition de ses citoyens un instrument
d'échange d'une valeur pleine, dans les relations intérieures
et internationales. Aucun pays ne procède de plein gré à
la dépréciation internationale de sa propre monnaie. Eu
égard à ce qui précède, il se présente précisément pour

ceux des pays qui se réjouissent de cette entente, en premier
lieu la question de savoir, s'il est conforme à leurs intérêts
politiques et économiques de tendre une main secourable à
leurs concurrents souffrant de la dépréciation monétaire,
ou de les contraindre, dans certains cas, à faire des
réformes même contre leur gré? N'est-il pas à craindre
qu'après le relèvement de leurs relations monétaires et
financières, les pays concurrents arrivent sur le marché
international avec des offres à bon marché, non pas à
cause de la pression exercée par la nécessité d'être obligés
de payer l'étranger avec des marchandises, mais à cause
de ressources naturelles supérieures et de meilleures
méthodes d'exploitation? Une concurrence triomphante
établie sur des bases solides n'est-elle pas plus dangereuse
que la concurrence à vil prix forcée de disparaître un jour,
et à laquelle on peut en attendant opposer une barrière
par des droits protecteurs? N'y a-t-il pas contradiction à
déclarer, d'une part, la paix des peuples une utopie, et de
prétendre, d'autre part, que, dans cette question, des pays
qui se trouvent en avance sous le rapport de la législation
monétaire viennent en aide à leurs adversaires pour s'emparer
de la puissance, en mettant en jeu leur propre supériorité?

Dans cette question, en effet, il ne s'agit pas de conventions concernant certains services profitant aux relations internationales et pouvant être modifiées à tout instant,
mais bien de la possibilité de pertes difficiles à réparer
dans la fortune nationale effective.

Une double conclusion est à tirer de ce qui précède :

1º la nécessité de reconnaître qu'il est de l'intérêt particulier de chaque pays, même de ceux qui se trouvent dans la position la plus favorable, de tenir compte des points de connexité internationaux dans la question de valeur monétaire ; et

2º la nécessité d'une action pondérée et judicieuse, ménageant la propriété et l'indépendance, qui ne cherche pas à résoudre par une formule spécieuse un problème de civilisation qu'il faut considérer au point de vue de la durée éternelle de l'humanité, mais qui veut régler la question d'une manière qui réponde aux exigences de l'époque.

*5. Il ne s'agit pas d'une crise de l'or qui exerce une in-
fluence directe sur les valeurs des marchandises.*

Tout d'abord il faut reconnaître que la valeur du métal
blanc a baissé par suite de profondes perturbations dans
les deux éléments constituant sa valeur (accroissement de
la production et diminution de la consommation pour le
monnayage) et cela, non seulement par rapport à l'or, mais
vis-à-vis de toutes les matières premières et de tous les
objets fabriqués. Il ne s'ensuit pas, cependant, que ceux
qui possèdent un revenu de 10 unités d'argent, et qui
pouvaient acheter avec ces unités, avant la dépréciation de
l'argent, 10 autres unités de marchandises, doivent se
trouver maintenant en face d'une hausse des prix de toutes
les autres unités de marchandises, comprenant tout le
taux de la dépréciation du métal blanc. Une dépréciation
de valeur peut s'être produite également dans les unités
de marchandises pour des causes indépendantes de la
baisse de l'argent, dépréciation par laquelle leur rapport
à l'argent se balance derechef, à un autre niveau, en
faveur du revenu en argent. Si la valeur de l'or avait
également baissé pour des causes indépendantes (par
exemple par suite d'un accroissement extraordinaire de la
production), la situation réelle de la question monétaire
apparaîtrait sensiblement sous une autre forme.

Il faut traiter tout à fait en-dehors de ce fait la question
de savoir, si la valeur de l'or a seule haussé à tel point, non

seulement à cause de la baisse de la valeur de l'argent par rapport à lui, mais pour des causes spéciales (diminution de la production en proportion de l'augmentation de la demande pour le monnayage), de façon que, par voie de conséquence, toutes les autres valeurs des marchandises aient, sans varier de rapport entre elles, baissé relativement à l'or, et que la baisse de la valeur de l'argent se soit encore accentuée davantage. Si tel n'est point le cas, la valeur de l'or a, en effet, haussé par rapport à l'argent par suite de la dépréciation de l'argent, mais nullement par rapport aux autres marchandises; donc la hausse de l'or n'est pas la cause directe d'une baisse *générale* des prix.

Pour trouver réponse à cette question, il n'y a qu'à prendre un point de repère certain, à savoir, le montant du taux de l'escompte atteint, sans restriction du crédit, dans les pays effectuant leurs payements en or. Le taux de l'escompte, le taux de l'intérêt pour la circulation des traites et des prêts sur titre à courte échéance, c'est-à-dire pour les formes de crédit des affaires courantes, est le gardien du stock des espèces métalliques, la mesure pour la fonction de la monnaie dans son office d'intermédiaire d'échange, le tarif des frais pour se procurer du métal étalon. L'élévation du taux de l'escompte indique que l'affluence en métal étalon se heurte à des difficultés, ou bien qu'il se produit un écoulement, soit pour les besoins à l'intérieur, soit pour des payements à l'étranger. L'état des cours des changes étrangers fournit des indications précises sur cette situation. L'activité de ce baromètre est d'autant plus sensible, que la banque, dotée du privilège d'émettre des billets à cours légal et chargée de la conservation de la réserve métallique, constitue le centre du mouvement du crédit. A la hausse de l'escompte se joindra, en cas de durée intense de la crise, une hausse du taux de l'intérêt en général et, peu à peu aussi, une baisse des prix des marchandises, par suite de la tendance bien connue au nivellement du capital qui cherche un emploi.

Ce dernier effet résulte de la tendance générale à ne pas laisser dormir le stock de numéraire éparpillé et improductif, mais à en tirer parti, soit par l'achat de marchandises, soit par le placement à intérêts. L'essence des moyens d'échange ne consiste pas dans la conservation des valeurs, mais dans leur réalisation. Lorsque le taux de l'intérêt monte, ceux qui possèdent du numéraire préféreront le placement à intérêts plus rémunérateurs à l'achat de marchandises, à moins qu'ils n'obtiennent par l'achat de marchandises des prix tout aussi rémunérateurs. Ceux qui seront forcés de vendre leur stock de marchandises, se verront donc obligés de céder une quantité de marchandises plus grande ou de meilleure qualité, contre l'unité des moyens d'échange devenue rare.

Les efforts, que l'on tente pour obvier à cette difficulté de l'échange, et pour reconquérir l'avance prise, dans la concurrence internationale, par les pays au taux d'intérêt bas par suite de la facilité du crédit, peuvent faire naître le danger d'un accroissement démesuré des moyens de crédit, sans intérêts et non couverts par du métal, ainsi que l'idée de contracter des emprunts en numéraire et avec intérêts à l'étranger. La dépendance financière de l'étranger, l'agio en faveur des espèces métalliques et dans le cours ultérieur des choses, la suspension des payements au comptant, et le cours forcé de papier-monnaie inconvertible, menacent d'être les conséquences d'une telle manière d'agir.

Il est indéniable que certains pays, pris individuellement, peuvent tomber dans une pareille erreur, à cause de l'insuffisance de leurs forces économiques et financières; mais il n'est guère probable que ce manque d'or produise cette sorte de désorganisation internationale, ou que, par suite du réveil de l'esprit d'entreprise, une demande plus forte de moyens d'échange, notamment pour servir aux prêts, soit absolument à craindre.

En général, on ne saurait assez souvent se mettre en garde contre l'erreur qui consiste à expliquer chaque baisse de prix des marchandises par un renchérissement de la monnaie. Des raisons toutes différentes, n'ayant aucune connexité avec la question des moyens d'échange (la trop grande hâte dans la production et la concurrence, les demandes insuffisantes par suite d'une répartition non satisfaisante des revenus) peuvent être décisives, soit individuellement, soit en commun. De même, d'autrepart, les prix élevés des marchandises peuvent procéder d'autres causes que d'une baisse de la monnaie (par exemple de mauvaises récoltes). L'élément essentiel dans le mouvement des prix des marchandises est l'importance de la récolte des produits du sol.

En présence de ce facteur toutes les autres raisons passent à l'arrière-plan. Même, une augmentation de la valeur de l'or ne réagira pas immédiatement sur le marché monétaire, dans le cas où le vide dans les moyens d'échange pourra être comblé par le système de compensation et d'instruments de crédit, dont le développement doit se maintenir dans les limites de la solvabilité. C'est seulement le taux de l'escompte, pris en moyenne pour des périodes assez longues, qui exprime la tendance à la hausse ou à la baisse de la valeur de la monnaie, par rapport à la valeur des marchandises.

De même l'assertion, que les débiteurs seraient lésés par l'adoption de l'étalon d'or, parce que dans ce cas ils seraient forcés de rembourser en or les dettes contractées en argent, trouverait sa justification, si, par suite de l'augmentation du taux de l'intérêt, la somme due leur revenait plus cher qu'autrefois. Aussi longtemps qu'un mouvement ondulatoire du taux de l'escompte se fait seul sentir, mouvement qui, par la moindre résistance des autres facteurs coopérants, ne fait qu'influencer superficiellement la formation des prix des marchandises, il ne peut être question d'une crise d'or influençant *directement* la formation des valeurs des marchandises; mais il s'agit des dommages qu'engendre en général la dépréciation internationale de la monnaie des pays qui possèdent l'étalon d'argent, ou qui sont soumis au régime temporaire du papier-monnaie à cours forcé, ainsi que des difficultés qui entravent l'amélioration de cette situation et qui proviennent de l'instabilité de la valeur des métaux précieux.

———

6. *Motifs qui font admettre qu'il existe dans la question des moyens d'échange des intérêts communs entre tous les pays.*

La monnaie d'un pays qui n'a pas sa valeur pleine dans les transactions internationales peut être comparée, jusqu'à concurrence de sa valeur réduite, à une dette contractée par le pays en question, et dont la reconnaissance est obtenue, à l'intérieur, au moyen du cours forcé ; à l'étranger, par contre, elle dépend de l'appréciation variable et spéculative du crédit public. Ce fait trouve son expression dans l'agio en faveur des espèces admises dans les transactions internationales[1]. Selon le cours régulier des choses, il faudrait que l'agio se répartisse, par conséquent, progressivement sur les prix des diverses branches de production nationale, selon que celles-ci se trouvent avoir plus ou moins de relations internationales, attendu que, sur le marché du monde, la monnaie nationale a moins de pouvoir d'achat, c'est-à-dire, qu'il faut qu'elle supporte une hausse de prix des marchandises.

Une semblable évolution graduelle n'a pas lieu pourtant. En règle générale, l'agio est plutôt supporté par la partie économiquement la plus faible, c'est-à-dire, les producteurs qui *sont forcés* de vendre, et par les emprunteurs qui sont *forcés* d'avoir recours au crédit, et cela, d'autant

[1] Voir le Traité du cours des changes étrangers par Schraut. Leipzig, Éditeurs Duncker & Humblot, 1882, 2° édition.

plus que la spéculation intermédiaire, qui a la meilleure monnaie à sa disposition, est maîtresse des cours de la monnaie, attendu que, dans son intérêt, elle les pousse à la hausse, quand la partie la plus faible est débitrice, et que, par contre, elle les fait baisser, quand cette même partie est créditrice. La partie la plus forte ne consentira à une augmentation du prix des marchandises qu'en tant que ses membres se surpassent réciproquement dans la demande. En tous cas ces fluctuations, dans les rapports des prix de la monnaie et des marchandises, des sources de profits et de pertes, sont sans avantage positif pour la communauté; elles ressemblent à un jeu pour un capital existant, mais dépourvu d'un but économique, et embrouillent la situation, quant aux affaires commerciales et financières, à l'encontre d'un système monétaire bien ordonné, grâce auquel les producteurs et les salariés peuvent, *en tous lieux*, dépenser de nouveau la monnaie perçue telle qu'ils ont été obligés de l'accepter.

Des conditions analogues se retrouvent dans les relations de pays à pays. Là aussi les pays à circulation fiduciaire dépréciée supportent l'agio à titre de partie la plus faible, parce que, faute d'espèces métalliques, ils sont *forcés* de libérer, vis-à-vis de l'étranger, leurs engagements provenant d'achats de marchandises ou d'emprunts par des ventes de marchandises à n'importe quel prix, en tant qu'ils ne veulent pas augmenter, vis-à-vis de l'étranger, leurs dettes par des ventes d'effets ou par de nouveaux emprunts. Dans le cas présent, il ne s'agit pas des oscillations connues autour du pair du change, ces oscillations se corrigent d'elles-mêmes par suite des variations du mouvement commercial qui s'y lie, mais il s'agit du mouvement de dépression du pair lui-même, qui crée l'incertitude en permanence par son caractère irrégulier et susceptible seulement d'arrêts temporaires.

Du côté des pays à circulation dépréciée, les mesures à prendre consistent à réduire autant que possible l'importation des marchandises grevées d'agio, et à protéger artificiellement l'exportation des marchandises dont les prix seraient en baisse, notamment au moyen d'une bonne réglementation du système des transports ayant pour effet d'améliorer la balance des payements vis-à-vis de l'étranger.

Du côté des autres pays les mesures à prendre sont les suivantes :

Concessions sur les prix, en partie dans le but de forcer l'exportation, en partie pour parer à la concurrence de l'étranger artificiellement accrue sur le marché national.

Cet enchaînement de mesures forcées donne aux prix du marché universel une tendance à la baisse peu naturelle. En présence de l'incertitude résultant d'autres causes encore, qui toutes coopèrent au développement des prix, il est impossible de déterminer, par une formule, le point jusqu'où l'on peut être conduit. Notamment, il ne faut pas s'attendre à ce que tout se règle de soi-même, aussitôt que les causes de la dépréciation de la monnaie auront

atteint un niveau stable, et à ce qu'il se produise insensi-
blement dans les pays cités en premier lieu une hausse
des prix qui rendra le rétablissement de relations régulières
possible sur une nouvelle base, conforme aux modifications
survenues dans les conditions de la valeur de la monnaie.

Il est certain que l'individu isolé, qui se verra dans
l'obligation de se procurer lui-même la valeur en espèces
sur l'étranger, essayera de se dédommager dans le mouvement des prix à l'intérieur, tandis que dans les pays pos-
sédant un agent de circulation bien ordonné, la valeur en
espèces sur l'étranger est mise, à frais communs, à la disposition d'un chacun. Les efforts des spéculateurs, cherchant
à s'assurer une prime contre le risque de la non-réussite
des opérations basées sur les changements des cours de la
monnaie ne contribueront pas non plus à une hausse des
prix. De plus, par la dépréciation de la monnaie, les conditions générales de production deviendront plus mauvaises. La tendance du taux des prêts à la hausse rend le
terrain plus difficile aux améliorations, au perfectionnement des méthodes d'exploitation et à l'esprit d'entreprise ;
les budgets sont grevés de dépenses par suite des pertes au
change ; une spéculation superflue vient s'en mêler ; la trop
grande activité de l'exportation vient influencer, par moments, le marché national ; la solidité du crédit diminue
parce qu'une fortune nationale liquide fait défaut etc.

Même si, dans les pays à circulation dépréciée, ces
difficultés devaient amener une hausse des prix, ce qui se

produira bientôt en ce qui concerne les marchandises qui devront être tirées de l'étranger, le marché international n'en éprouverait aucun allègement, quoiqu'il soit possible, en dépit de la tendance générale, de maintenir la hausse très longtemps en réduisant la consommation et la demande, en exerçant une pression sur les salaires et les conditions d'existence des masses, ou en faisant de bonnes récoltes. La puissance d'achat de ces pays se trouvera réduite davantage encore par cette hausse artificielle des prix à l'intérieur, qui (ce qui n'aurait point lieu avec un système de protection rationnel), atteint également les matières dont ces pays ont besoin pour leur propre production.

Le système de dettes internationales produira un effet d'autant plus sensible que les pays, dont la circulation est dépréciée, offrent à la spéculation, par l'émission d'un emprunt en or à l'étranger, une prime pour le maintien à la baisse du cours de la monnaie dépréciée. Finalement l'équivalent que possède l'étranger pour compenser les torts à lui causés par le paiement des intérêts au moyen de marchandises à vil prix, c'est-à-dire le taux supérieur, verra également sa sécurité menacée. En tout cas, l'étranger est obligé de supporter, avant comme après, la concurrence artificielle des marchandises pour arriver au recouvrement de ses intérêts. Dans ces conditions les relations dans le domaine monétaire, en tant que celui-ci peut être règlementé par des lois humaines, tendent au rapprochement et à l'arrangement, sans préjudice de la considération

de savoir quelle ligne de conduite concrète semblera la
plus propre aux intérêts égoïstes des différents pays parti-
cipants. Tout essai individuel de reconstruction dans ce
sens deviendra l'objet de l'intérêt direct de tous les pays,
grâce à l'incertitude du développement de la production
des deux métaux précieux, qui échappe à toute probabilité
d'évaluation. Si, dans des périodes d'une forte diminution
de la production de l'or, un pays passe à l'étalon d'or et
qu'il ait largement recours au marché du métal jaune, il
peut en résulter une crise générale atteignant profondément
l'escompte. Les pays à monnaie d'argent, de leur côté, seront affectés tout autant par une démonétisation de l'argent
en temps de forte dépréciation de ce métal. L'on ne saurait objecter sérieusement que ce danger s'écarte de lui-
même : le consentement immédiat à de grands sacrifices,
une situation particulièrement favorable par suite de con-
jonctures politiques ou économiques peuvent, à la volonté
d'un pays, jouer un rôle important.

De cet exposé se dégage le point de vue général suivant :

Sans préjudice du principe qui veut que le soin de la
règlementation de l'organisation monétaire, qui crée le
fonds d'exploitation national, doive rester dans les attri-
butions de la législature des différents pays, et que ces
derniers doivent prendre également à leur charge les sacrifices exigés par les réformes monétaires ; et, sans préjudice de la question d'opportunité du procédé, d'importantes
considérations militent en faveur de l'idée que, dans la

question des moyens d'échange en matière de relations internationales, les intérêts communs de tous les pays se touchent et qu'une entente méthodique, capable de prévenir les crises, paraît opportune sur ce terrain.

La politique monétaire ne peut pas être traitée isolément. Cependant, de même que l'ouvrier n'apprécie son outil qu'au point de vue des avantages qu'il lui procure, de même la politique monétaire ne sera jugée par un pays que d'après les services qu'elle rend à ses intérêts égoïstes.

---

7. *La fixation, par convention internationale, des rapports entre les valeurs respectives des deux métaux précieux, et l'adoption de la liberté de leur frappe, n'amènent pas une solution.*

Le système du bimétallisme international se base sur deux principes qui veulent qu'un métal précieux unique ne suffise pas comme seul métal étalon universel, et qu'un pays, pris isolément, n'ait pas de ressort assez puissant pour maintenir une relation de valeur fixe entre les deux métaux précieux, puisque, à la suite de modifications du rapport de la valeur réciproque de ces derniers à l'étranger, c'est toujours le métal faisant prime qui émigre.

La solution de cette question doit se rencontrer dans l'association de plusieurs pays qui adoptent, par une convention, un rapport de valeur déterminé entre lesdits métaux (une livre d'or fin $= 15^1/_2$ livres d'argent fin) et qui maintiennent ce rapport en achetant, pour le monnayage, à n'importe quel moment, n'importe quelle quantité de métal précieux au taux convenu (liberté de droit de frappe pour l'or et pour l'argent). Cette association doit être si puissante qu'un pays étranger, non adhérent, soit incapable d'influencer, par sa politique monétaire, la sortie du métal de l'union.

Une telle manière de traiter le problème de la valeur des moyens d'échange montre d'emblée que sa solidité repose sur une force vitale intérieure et qu'elle ne découle

pas simplement d'une mesure dictatoriale, qui pourrait tout
aussi bien s'appliquer à deux autres objets quelconques
servant au même but. S'il en était autrement, par suite de
manque d'entente entre les pays de l'union et par suite de
la liquidation de l'association en faveur d'un succès passa-
ger, la situation générale serait aggravée, les intérêts par-
ticuliers des pays engagés seraient minés et se trouveraient
à la merci du hasard. Il ne serait, par exemple, nullement
hors du domaine de la possibilité qu'à la veille de grandes
tensions politiques un groupe de pays, faisant partie de
l'association, trouvât dans son intérêt de retirer l'or de la
circulation monétaire de leur adversaire, en vertu du droit
d'échange libre, avec l'aide de fortes puissances financières,
et au prix de certains sacrifices passagers, et de lui substi-
tuer l'argent; puis, prétendant que des complications de
guerre annulent la convention, que ce groupe fermât à
l'argent ses officines monétaires et suscitât ainsi à l'adversaire, au moment critique, des embarras financiers, en lui
sapant son crédit, au moyen de la dépréciation de l'argent
et de la création de l'agio sur l'or, conséquences inévi-
tables de la fermeture en question — ce danger sera d'autant plus grand que cette coalition séparée sera économiquement et financièrement plus puissante.

La conviction qu'un rapport de valeur reconnu par la
plupart des nations civilisées doive constituer le régulateur
de la cote des deux métaux précieux, parce que le prix déterminé s'obtient en tout temps pour chaque quantité aux

hôtels de monnaies, ne repose pas, d'après ce qui précède, sur une base suffisante. Il s'agit donc de savoir si la situation, *au sein de l'association*, est susceptible de stabilité — une question qui ne saurait être résolue dans un sens favorable à la proposition ci-dessus.

Une solution absolue de la question monétaire qui garantirait une telle stabilité parait impossible, vu que les proportions de la production des métaux précieux sont inappréciables. Cette incertitude de la véritable base, qui pèse sur les décisions du présent, par le souci d'un avenir tout à fait douteux, ne permet pas de fixer les rapports entre les monnaies sous une forme *irrévocable*. Il ne resterait donc plus de possible qu'une entente sur la liberté de la frappe, *à titre temporaire* — une façon de procéder qui, lorsque surviendrait la liquidation de l'association, aurait le caractère d'un jeu de hasard, en ce sens que ceux qui se trouveraient en ce moment, soit grâce à leur adresse, soit par un effet du hasard, en possession de la part prépondérante du métal préféré sur le marché universel auraient acquis une avance au détriment des autres. Et il faut absolument tenir compte de cette tendance à la liquidation, parce que, par le fait même de la liberté de frappe pour compte particulier, la circulation monétaire se trouve livrée aux intérêts et à la volonté des spéculateurs et des producteurs de métaux précieux, qui seraient ainsi mis à même de créer une situation intenable. Il est hors de doute qu'il n'existe pas de loi naturelle d'après laquelle toute la quantité des métaux précieux que l'on pourrait produire, doive être produite effectivement, ce qui obligerait l'humanité de se servir, au-delà de ses besoins, des métaux précieux comme moyens d'échange, et lui permettrait de soustraire ainsi, sur ce terrain, l'offre aux variations de la demande.

En réalité par suite de la liberté du monnayage, la société sert bien de salle de vente pour chaque quantité de métal contre la délivrance d'espèces, auxquelles une puissance d'achat universelle est assignée, et elle fixe le rapport de valeur entre l'or et l'argent. Mais la société ne prend aucune détermination sur le rapport de valeur entre l'unité comprenant les métaux précieux d'une part, et les marchandises d'autre part ; elle ne garantit pas l'admission des monnaies par la circulation ; elle s'en remet plutôt à cette dernière pour décider en quelle quantité le métal monnayé devra réellement passer dans la circulation. La demande est donc libre ; mais le danger consiste précisément en ce que des spéculateurs effrénés sont à même de limiter, à certains moments, ou de précipiter, à certains autres, la circulation monétaire d'une manière artificielle dans leur propre intérêt ; de provoquer, tantôt dans un pays, tantôt dans un autre, des crises préjudiciables aux intérêts nationaux, notamment à la politique de l'escompte, et de traiter le stock monétaire, destiné au service de la communauté, comme ils géreraient un stock de marchandises d'intérêt privé. A ce sujet, on devra attacher moins d'importance à

ce que les producteurs et les marchands de métaux précieux pussent être tentés de s'associer dans le but de créer
un monopole, ou à ce qu'il se produisit, dans les transactions,
un agiotage en faveur de l'or, à cause des avantages techniques de ce métal comme moyen d'échange.

Le vrai danger consiste dans la tendance à vouloir imposer à la circulation la totalité de la production des métaux
précieux que l'on peut atteindre par l'emploi de tous les
moyens techniques — tendance qui, pour beaucoup, est
considérée comme la seule vraie, sous prétexte que les métaux précieux nous ont été donnés dans ce but par la nature, ou qu'un développement satisfaisant des prix des
marchandises ne peut s'obtenir que dans cette voie. Il
suffira de rappeler encore une fois, ici, que ce ne sont pas
les moyens de circulation qui déterminent l'étendue des
transactions en marchandises, mais que ce sont les transactions dont l'origine se trouve ailleurs qui déterminent
les besoins en matière d'instruments d'échange ; que même
le plus grand approvisionnement possible en moyens de
circulation ne peut pas empêcher des crises économiques,
et qu'une augmentation du stock monétaire, dépassant la
mesure des besoins, conduit à un refoulement du mouvement solide des instruments de compensation et de crédit,
ainsi qu'à une accumulation dispendieuse de numéraire
sans intérêts. Ceux qui admettent, que la plus large circulation possible du numéraire doive contribuer à l'assainis-
sement du marché, sont tout autant dans l'erreur. Même

si, à raison de la surabondance de production, les détenteurs des deux métaux précieux se contentaient, en échange
du prix d'achat, d'une quantité de marchandises moindre,
c'est-à-dire, si les prix des marchandises venaient à hausser, — un événement qui équivaudrait à la création d'un
agio — il en résulterait bien, passagèrement, des avantages
pour la régularisation de la propriété, de quelques-uns,
mais ces avantages ne s'étendraient nullement sur l'ensemble. Car chaque hausse de prix des marchandises exige
aussi, les circonstances demeurant les mêmes quant au
reste, un accroissement proportionné de la quantité des
moyens de circulation ; de même que, d'autre part, un faible
besoin de monnaie est la résultante d'une baisse de prix.
Si une unité de marchandise, qui coûtait jusque-là 10 Mark,
coûte désormais, par suite du consentement des détenteurs
des métaux précieux, 20 Mark, la quantité des moyens
d'échange ainsi doublée ne sert, par conséquent, qu'à
maintenir debout les transactions antérieures.

Une augmentation des transactions n'a lieu ni à la
suite de la hausse de prix des marchandises, ni par l'augmentation de la quantité des moyens d'échange.

De tout ce qui vient d'être exposé se dégage cette question décisive : Dans quel but, les pays, dans lesquels les
intérêts de la production des métaux précieux s'effacent
devant ceux des autres branches de production, doivent-
ils continuer à se charger, au delà de leurs besoins, d'un
tribut constant pour l'achat de métaux précieux en faveur

d'une production individuelle indigène ou de la production étrangère? De même que dans l'économie individuelle, dans l'économie générale aussi, les fonds d'exploitation et de moyens d'échange, grevés de frais d'intérêts, doivent être strictement limités aux besoins réels. En outrepassant ces besoins, l'on consolide, sans profit pour l'ensemble, la situation privilégiée du possesseur de numéraire dans la sphère d'échange des productions.

Ces points de vue pèsent de tout leur poids dans la balance, car avec la liberté du monnayage, il ne s'agit pas de valeurs de compensation temporaires, mais d'un accroissement continu de la valeur du capital, sous forme de monnaie, dont la baisse de valeur devra être, en fin de compte, supportée financièrement et économiquement par la communauté sociale formant l'État. Peu importe le rapport de valeur entre les deux métaux précieux que l'union pour la libre frappe prend pour base, sa continuité n'est pas assurée; tôt ou tard la question sera ouverte derechef et la liquidation sera d'autant plus difficile qu'entre temps on aura continué à accumuler plus de monnaies, et qu'on aura moins tenu compte, en établissant la relation de valeur, des modifications survenues dans la production.

Pour éviter de telles éventualités, il paraît nécessaire, vu qu'une contingence de la production des métaux précieux n'est pas possible, de s'arrêter à la contingence de la demande, c'est-à-dire, à une réglementation qui laisserait aux pouvoirs publics le soin de déterminer, chaque fois qu'il y aurait lieu, l'augmentation de la quantité des moyens d'échange; en même temps, et en cas de besoin, le droit de libre frappe pourrait être accordé également à titre révocable à des personnes privées — en qualité de mandataires de la communauté. — Au lieu d'abandonner tout au hasard et à l'intérêt particulier, les pouvoirs publics doivent s'astreindre, aussi, sur ce point, à la tâche de diriger par des voies fixes, régulières, et sûres, mettant les intérêts individuels à un même niveau, la force du développement général de toutes choses, qui s'étend sur chacun comme une puissance supérieure. Ceci ne veut point dire qu'ils doivent jouer à la Providence, mais bien qu'ils doivent régler pour le mieux les besoins humains, dans les cas où la loi naturelle fait défaut. Les pouvoirs publics n'ont pas moins qualité pour cela que pour s'occuper de constituer, en matière de réformes monétaires, le fonds de la circulation métallique avec des moyens publics, et de le compléter, en tant que la libre circulation ne saurait s'assurer un développement normal.

En supposant que les États civilisés les plus influents pussent s'accorder sur une relation fixe entre les deux métaux précieux dont on fait la monnaie, la reconnaissance de cette relation ne serait pas moins assurée, même dans le cas d'un système de monnayage légalement limité, qu'elle ne le serait dans le cas de la liberté de frappe universelle. Ni l'emploi dans un but industriel, quoique l'expérience nous apprenne que le passage de la monnaie approvisionnée en l'état de formes industrielles s'opère plus facilement que ne s'opère la transformation en sens inverse, ni le refus de la part de la minorité, restée en dehors de l'union, d'accepter à la valeur nominale les monnaies des États confédérés, ne sauraient exercer la moindre influence sur l'efficacité de la relation de la valeur. A l'exemple de la loi dans un État isolé, la volonté de la convention s'imposerait ici, que la relation soit fixée de 1 : 15 $\frac{1}{2}$ ou de 1 : 1, sa stabilité sera garantie aussi longtemps que dureraient l'union des puissances les plus fortes. Sous ce rapport, ce système est pourtant, lui aussi, exposé au danger d'une dissolution intérieure, quoique avec moins de conséquences désavantageuses, puisqu'il prétend également donner, par voie de contrainte extérieure, une solution absolue à des choses qui sont soumises à des changements naturels, et qui ne sauraient être, par conséquent, ni constantes, ni indépendantes.

Tous les essais de ce genre pèchent par deux défauts.

Le premier ne se trouve pas dans la convention en elle-même qui crée un rapport de valeur déterminé entre les deux métaux précieux, — même en investissant ces derniers d'un crédit basé sur le cours du jour, il faudrait fixer une limite maximum — mais dans la tendance de faire de cette convention un régulateur constant et de dissimuler les phénomènes qui détruisent sa vitalité, au lieu de prendre ces phénomènes pour base d'un développement successif et susceptible d'être amendé quand il y aurait lieu. La deuxième faute consiste dans l'exagération de l'importance qu'on attache à la fonction des monnaies comme moyen de circulation. La monnaie peut être traitée comme un bon sur un fonds de couverture qu'elle ne représente même que partiellement par sa propre valeur (tel est le cas dans les pays à étalon d'or, pour les monnaies divisionnaires en argent, d'une valeur inférieure, constituant le moyen d'échange des transactions journalières, mais échangeables contre des monnaies en or. . .).

*8. La question monétaire est une question internationale
de banque et de crédit.*

Dans la période actuelle du développement de l'organisation monétaire, ce n'est pas la frappe de monnaies d'argent, mais c'est la constitution de l'argent, à côté de l'or,
comme fonds de couverture pour des moyens de circulation
internationaux, la mobilisation de la masse d'argent im-
productive pour les relations d'échange internationales qui
forme le cœur de la question. Il s'agirait d'organiser *une
banque internationale sur le terrain* des opérations commerciales, et dont la balance en faveur de l'or, résultant de la
différence entre un taux convenu de la valeur de l'argent
employé comme fonds de couverture pour des moyens
d'échange, et de la valeur marchande courante de l'argent,
pourrait constituer comme une dette flottante, à l'exemple
des billets de banque (dits à découvert) non couverts par du
métal, mais couverts conformément aux usages de la
banque par des effets de commerce, dépôts de marchandises etc. *A ce point de vue la question monétaire peut être
considérée comme une question internationale de banque et
de crédit* — les décrets de Peel, d'après lesquels $^1/_5$ des
billets peut être couvert en argent, et l'organisation de
jadis du marc-banco de Hambourg, se sont déjà placés à ce
point de vue. Sous cette forme, disparaîtra la dépréciation
de la monnaie métallique, cause de l'avilissement que la
concurrence internationale apporte dans les prix des mar-

chandises, elle constituera l'augmentation du fonds d'exploitation international servant au mouvement du crédit. Ce fonds baisse et hausse selon que la valeur conventionnelle et la valeur marchande des métaux précieux se rapprochent ou s'écartent et il pourrait, au moyen de révisions périodiques, être amorti peu à peu et d'une façon méthodique aux frais des pays d'émission, en tant que, par suite d'un déplacement durable du rapport de valeur des deux métaux précieux, une liquidation, par réduction de valeur, deviendrait inévitable [1].

Dans le cas d'une convention de ce genre entre les banques centrales des pays contractants dotées du privilège d'émettre des billets et dirigeant la circulation monétaire, il importerait, dans les circonstances actuelles, de prendre surtout en considération les points de vue généraux suivants:

Adoption d'un rapport de valeur entre les deux métaux précieux en conformité duquel, sur de l'argent déposé sous forme de lingots ou de monnaies, les banques pourraient délivrer des certificats en appoints d'une certaine importance appropriés aux transactions internationales, sous la garantie d'État fournie par les pays émetteurs respectifs;

[1] Les billets de banque internationaux couverts en argent doivent être opposés aux déplacements d'or dans les relations internationales; faciliter les efforts individuels des pays pour l'accumulation et la conservation d'un approvisionnement d'or; diminuer la réaction exercée sur les transactions internationales par les valeurs dépréciées et instables, et préparer le relèvement du prix de l'argent.

Fixation du montant maximum auquel ces certificats pourront être mis en circulation par chaque pays en particulier ;

Engagement des banques contractantes d'accepter ces certificats en paiement ;

Engagement des banques, qui ont émis des certificats, d'échanger, à tout moment, les certificats émis par elles, contre de l'or ou, si l'argent constitue l'étalon monétaire du pays, de les échanger, à volonté, jusqu'à concurrence d'une quantité déterminée, au cours du jour, contre de l'argent en barres.

Engagement des banques d'émission de se couvrir par des créances absolument sûres, fondées sur des traites ou sur des avances sur titres et spécialement affectées aux certificats d'argent, pour le montant nominal des billets mis en circulation qui dépasserait la valeur marchande du dépôt d'argent, valeur obtenue en prenant pour base le prix moyen de l'argent du mois précédent ;

Révision et dénonciabilité de la convention au moins dans chaque période quinquennale.

Les pays contractants pourraient également s'engager à recevoir les certificats dans les caisses publiques, à la condition de pouvoir les échanger à leurs banques privilégiées contre de la monnaie du pays ayant cours ; ils pourraient de plus recevoir aux banques privilégiées ces certificats, jusqu'à concurrence d'une certaine quantité, à titre de couverture métallique pour les billets indigènes et déléguer aux banques privilégiées le pouvoir nécessaire pour exécuter la convention.

Malgré la reconnaissance, en principe, de l'indépendance des États en ce qui concerne les modifications de leur étalon monétaire national, une entente sera en outre nécessaire au sujet des réserves qui seraient à formuler dans ce cas.

Il est à peine possible d'établir en cette matière des règles uniformes liant les parties contractantes pour des périodes d'une certaine durée ; bien plus, il conviendra de rechercher, selon les circonstances, pour chaque cas isolé, la formule d'un compromis spécial dont les conséquences puissent être nettement prévues. A cet égard, il est indispensable que le marché des métaux précieux soit préservé des secousses imprévues et subites, capables de l'ébranler profondément ; que, particulièrement, la première période de la convention soit préservée de grands bouleversements ; que l'argent soit conservé comme monnaie principale des petites transactions journalières[1], et que surtout, ceux des pays qui émettent des certificats internationaux d'argent retiennent, au moins, comme monnaie du pays, le triple de leur montant en argent.

Pour l'ensemble de la question, le point essentiel doit donc consister dans l'effort de restreindre, mais seulement en

[1] A cette question se rattachent les propositions connues du retrait de la circulation des petits appoints en bons de caisse et en monnaies d'or, et du non-monnayage de monnaies divisionnaires de trop peu de valeur.

tant qu'il est absolument nécessaire, la liberté du mouvement et l'indépendance, c'est-à-dire de laisser, en établissant la convention, autant de jeu que possible, aux intérêts tactiques, et tout à la fois, de prévenir, en cas de liquidation, tout préjudice ou tout avantage excessif par rapport à la situation présente. Cette observation s'applique principalement aussi au rapport de valeur de la convention. Certes, le rapport de valeur de 1 à 15 $^1/_2$, ne pourra guère plus servir de point de départ à la convention. Mais, pour ne pas multiplier de prime abord les difficultés financières et sociales, il faudra commencer par un rapport se rapprochant de la relation de 1 à 15 $^1/_2$, tout en prenant en considération la situation des intérêts effectivement prépondérants. Dans le cas où un retour en faveur de l'argent, dont la valeur relativement à l'or se trouve tendre à la baisse depuis des siècles, ne devrait pas se produire, les pays contractants n'auront pas seulement, quant à eux-mêmes, à songer à l'amélioration de leur circulation de monnaies d'argent (ce qui naturellement ne devra pas porter atteinte à leur droit d'émettre des certificats d'argent internationaux), mais aussi, devant la convention, la question se posera de savoir dans quelle proportion elle devra de son côté pousser à une lente évolution dans le même sens. En procédant graduellement, et par périodes transitoires, l'on obtient de meilleurs résultats qu'au moyen de changements radicaux qui considèrent certains points importants comme arrivés à parfaite maturité, en dépit de leur *non liquet*[1]. La valeur possessive notamment qui réside dans l'approvisionnement des monnaies est un facteur de grande importance et avec la liquidation duquel il faudra compter dans les périodes de développement ultérieures. . . . . . .

En matière de conventions internationales il importera de rechercher jusqu'à quel point celles-ci pourront être limitées à l'approvisionnement des monnaies d'argent déjà existant. L'intérêt des producteurs d'argent doit rester séparé de la question d'amener une entente internationale, dont le but est de rendre liquide l'approvisionnement international en monnaies d'argent frappées et courantes.

Une augmentation de cet approvisionnement augmente les difficultés d'une entente et fera échouer tout essai de convention basé sur une frappe plus étendue de monnaies d'argent[2]. Ceux d'entre les pays qui ont une grande circulation de monnaies d'argent courantes dépassant leurs besoins nationaux feront, les premiers, des concessions et devront faire preuve, également dans les détails de la convention, d'une bonne volonté toute particulière, vu qu'on

---

[1] Ce n'est que petit à petit que l'on pourra former une base nouvelle pour la création d'un rapport de valeur durable entre les deux métaux précieux.

[2] La question se présentera différemment pour les États individuels et à ce sujet il faut remarquer que l'argent qui sert déjà de couverture aux billets indigènes en circulation ne saurait être appliqué une deuxième fois à la couverture des billets internationaux. Le total des billets internationaux dont on aura besoin ne pourra être fixé que par la pratique, ce qui indique assez qu'il faut procéder graduellement.

ne peut pas demander à ceux des pays dont la circulation monétaire consiste essentiellement en monnaies d'or, de s'exposer au danger de voir passer dans d'autres pays leurs monnaies d'or accumulées au prix de sacrifices et en partie grâce à une balance de payement internationale favorable.

Impr. Als. anct O. Fischbach, Strasbourg. — 885

Documents manquants (pages, cahiers...)
NF Z 43-120-13